Shaun das Schaf
Mein Picknickbuch

© and TM Aardman Animations Limited Ltd. 2010.
All rights reserved
Shaun the Sheep (word mark) and the
characters Shaun the Sheep

© and TM Aardman Animations limited.
Licensed by WDR mediagroup licensing GmbH.
www.shaunthesheep.com

© KOMET Verlag GmbH, Köln
www.komet-verlag.de
Titelabbildung (Hintergrund): © Sebastian Kaulitzki – Fotolia.com
Gestaltung: hassinger & hassinger & spiler, visuelle konzepte
Gesamtherstellung: KOMET Verlag GmbH, Köln
ISBN 978-3-86941-016-6

Inhalt

Fingerfood

Hähnchen mit Honig	10
Maurische Fleischspießchen	12
Schinkenkipferln	14
Kümmeltaschen mit Zwiebel-Aprikosen-Relish	16
Currybällchen	18
Bratwurstspieße	20
Leberwurstspieße	22
Blätterteig-Schinken-Röllchen	24
Pflaumen im Speckmantel	26

Salate

Fenchelsalat mit Orangen	30
Heringssalat	32
Farfalle-Salat mit roten Linsen	34
Bunter Pastasalat	36
Westfälischer Kartoffelsalat	38
Griechischer Kürbissalat	40
Zucchinisalat mit Melone	42
Paprikasalat mit Tomaten	44
Gurkensalat mit Minze	46

Quiches und herzhafte Kuchen

Spargelquiche	50
Elsässer Flammkuchen	52
Quiche Lorraine	54
Zwiebelkuchen	56
Lauchkuchen	58
Backofen-Tortilla	60
Olivenkuchen	62

Brot und Sandwiches

Cantuccini mit Oliven	66
Pikante Brötchen	68
Bagel-Sandwich mit Lachs	70
Sandwich mit Thunfischsalat	72
Club Sandwich mit Truthahn	74
Sandwich mit Speck, Salat und Tomaten	76
Reuben Sandwich	78
Sesam-Dinkel-Stäbchen	80

Aufstriche und Dips

Himbeer-Schokoladen-Marmelade	84
Beerenmarmelade	86
Erdbeerkonfitüre	88
Holunderbeerenmarmelade	90
Apfel-Dattel-Walnuss-Chutney	92
Avocado Sambal	94
Süße Chili-Koriander-Sauce	96
Erdnuss-Sauce	98
Quarkaufstrich	100

Muffins

Bananen-Muffins	120
Blaubeer-Muffins	122
Apfel-Muffins	124
Muffins mit weißer Schokolade	126
Limo-Muffins	128

Kuchen

Karottenkuchen mit Orangenhaube	104
Sauermilchkuchen	106
Bienenstich	108
Reis-Walnuss-Kuchen	110
Nusszopf	112
Käsekuchen	114
Kirschkuchen vom Blech	116

Drinks

Melonen-Drink	132
Kirsch-Kokos-Smoothie	134
Rote-Bete-Shake	136
Kiwi-Traum	138
Ocean	140
Kürbis-Fitness-Saft	142
Register	144

Sommer ist toll! Findet ihr nicht auch?
Ich liebe es, draußen zu essen, leckere Sachen
in den Picknickkorb packen und ab ins Grüne!
Ich habe auch immer wieder – wen wundert's –
neue Ideen, was man so mitnehmen kann.
Einfach alles schön gemütlich zu Hause in der
Küche vorbereiten, dann ab in eine Frischhaltedose
oder – wenn ihr es ganz schick wollt – auch in
hübsches anderes Geschirr sicher verpackt –
die Picknickdecke nicht vergessen, ein paar Gläser
oder Becher für frische Getränke und dann
kann's auch schon losgehen. Ich wünsche euch
viel Spaß und einen heißen Sommer!

8

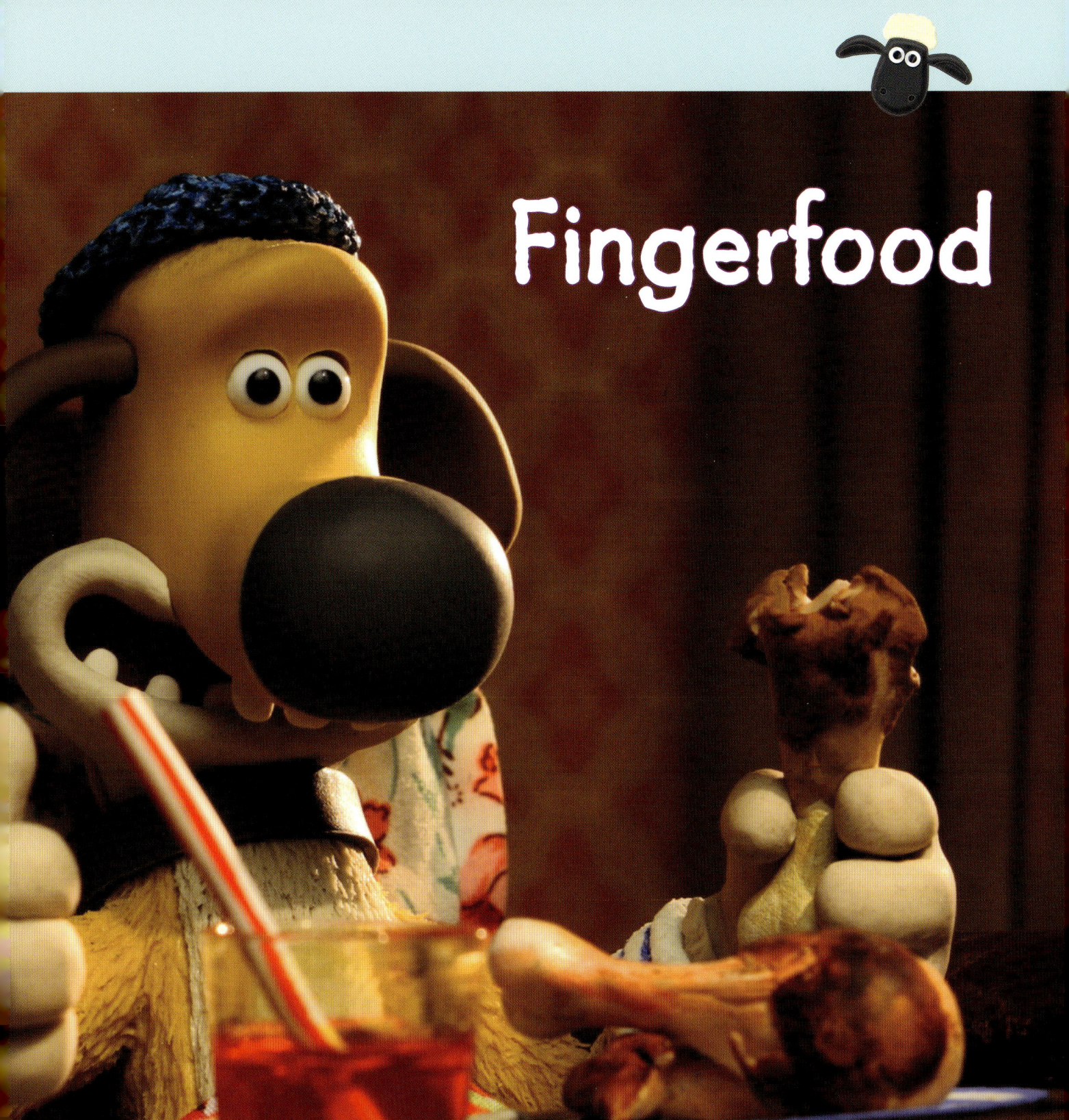
Fingerfood

Hähnchen mit Honig

Für 4 Portionen

1 küchenfertiges Hähnchen

75 g Butter

1 Knoblauchzehe

1 Tl Ingwerpulver

100 g Honig

1 Tl Essig

1 Tl Salz

1/2 Tl Pfeffer

Fett für die Form

Zubereitungszeit ca. 30 Minuten (plus Garzeit)
Pro Portion ca. 467 kcal/1961 kJ
30 g E * 30 g F * 19 g KH

Fingerfood

Den Backofen auf 180 °C (Umluft 160 °C) vorheizen. Das **Hähnchen** in 4 Teile schneiden. Für die Sauce die **Butter** schmelzen. Den **Knoblauch** schälen und zerdrücken. Alle Zutaten außer dem Fleisch in einer großen Schüssel vermischen und die Hähnchenstücke darin kurz wenden. Anschließend das Hähnchenfleisch in eine eingefettete Auflaufform legen und etwa 60 Minuten im Ofen garen, dabei immer wieder mit der Sauce bestreichen. Die Hähnchen erkalten lassen und für das Picknick verpacken. Dazu schmeckt **Brot** und **Salat**.

Das Lamm- oder Schweinefleisch in mundgerechte Würfel schneiden. Den Knoblauch schälen und mit dem Salz zerdrücken. Mit Öl, Thymian, Koriander, Curry und Kreuzkümmel vermischen. Zitronensaft unterrühren. Fleisch damit vermischen und mindestens 3 Stunden marinieren lassen. Holzspieße in kaltes Wasser legen.
Den Backofen auf 250 °C (Umluft 220 °C) vorheizen. Anschließend etwa 3–4 Fleischwürfel auf die gewässerten Spieße stecken. Die Spieße auf Alufolie legen und im vorgeheizten Backofen bei 225 °C (Umluft 200 °C) etwa 3 Minuten auf jeder Seite braten und erkalten lassen.

Maurische Fleischspießchen

Fingerfood

Für 4 Portionen

600 g Lamm- oder Schweinefleisch
2 Knoblauchzehen
2 Tl Salz
5 El Olivenöl
1/2 Tl getrockneter Thymian
1 Msp. gemahlener Koriander
1 Tl Madras-Curry
1 Msp. gemahlener Kreuzkümmel
1 El Zitronensaft
Holzspieße

Zubereitungszeit 15 Minuten
(plus Marinier- und Garzeit)
Pro Portion ca. 383 kcal/1607 kJ
31 g E * 29 g F * 1 g KH

Den Backofen auf 220 °C (Umluft 200 °C) vorheizen. Den **Blätterteig** auf einer leicht bemehlten Arbeitsfläche antauen lassen. Inzwischen den **Schinken** oder das **Rauchfleisch** sehr fein hacken. **Schinkenmasse** mit dem **Schmand** verrühren und mit **Salz** und **Pfeffer** abschmecken. Die **Petersilie** waschen, trockenschütteln und fein gehackt unterrühren. Den **Blätterteig** auf etwas **Mehl** ausrollen, anschließend in 10 Vierecke von ca. 10 cm Länge schneiden. Vierecke diagonal halbieren, sodass Dreiecke entstehen. Teigdreiecke mit je 1 Teelöffel Füllung belegen, anschließend zusammenrollen und zu Kipferln formen. Kipferl auf ein mit Backpapier belegtes Backblech legen. Das Ei verquirlen und die Kipferl damit bestreichen. **Schinkenkipferl** im Backofen etwa 20 Minuten goldbraun backen. Kalt servieren.

Schinkenkipferln

Fingerfood

Für 4 Portionen

300 g TK-Blätterteig

Mehl zum Ausrollen

250 g Knochenschinken oder Rauchfleisch

150 g Schmand

Salz

Pfeffer

1/2 Bund glatte Petersilie

1 Ei

Backpapier

Zubereitungszeit 40 Minuten (plus Backzeit)
Pro Portion ca. 525 kcal/2205 kJ
17 g E * 41 g F * 23 g KH

Kümmeltaschen mit Zwiebel-Aprikosen-Relish

Für 4 Portionen

100 g getrocknete Aprikosen

1 kg rote Zwiebelringe

125 g brauner Zucker

1 Tl Salz

100 ml Rotwein-Essig

1 Tl grob geschroteter schwarzer Pfeffer

ca. 600 g TK-Blätterteig

2–3 Tl Kümmel

4 El gemahlene Mandeln

175 g gewürfelter Ziegenkäse

1 Eigelb

2 El Milch

Backpapier

Zubereitungszeit 20 Minuten
(plus Koch- und Backzeit)
Pro Portion ca. 855 kcal/3591 kJ
18 g E * 48 g F * 87 g KH

Fingerfood

Aprikosen in schmale Streifen schneiden. Mit **Zwiebeln, Zucker, Salz, Essig** und **Pfeffer** 20 Minuten kochen. Abkühlen lassen. Backofen auf 225 °C (Umluft 200 °C) vorheizen. **Blätterteig** auftauen und in Quadrate schneiden. Mit etwas **Kümmel** bestreuen. Teigstücke auf ein mit Backpapier belegtes Backblech legen und mit einer Gabel einstechen. In die Mitte **Mandeln** und **Relish** geben. **Käse** darauf verteilen. Teig zu Dreiecken falten und mit **Eiermilch** bestreichen. Mit restlichem Kümmel bestreuen. Im vorgeheizten Backofen bei etwa 15 Minuten backen. Erkalten lassen und für das Picknick verpacken.

Currybällchen

Zwiebeln schälen und fein hacken. Das Hackfleisch mit Zwiebeln, Eiern, Paniermehl, Koriander und Gewürzen mischen und zu einem Teig verarbeiten. Mit feuchten Händen Bällchen formen. Das Öl in einem großen Topf erhitzen und die Bällchen darin etwa 5 Minuten goldbraun frittieren. Auf Küchenpapier abtropfen und abkühlen lassen. Die Bällchen mit verschiedenen Zutaten, wie gefüllten Oliven, Ananasstücken, Maraschinokirschen, Gurken oder Cocktailtomaten auf Spieße stecken und für das Picknick verpacken.

Fingerfood

Für 4 Portionen

2 Zwiebeln

500 g Hackfleisch

2 Eier

2 El Paniermehl

1/2 Bund frisch gehackter Koriander

1 Tl Currypulver

Salz

Pfeffer

500 ml Öl

gefüllte Oliven, Ananasstücke, Maraschinokirschen, Gurken oder Cocktailtomaten zur Dekoration

Zubereitungszeit ca. 15 Minuten (plus Frittier- und Abkühlzeit)
Pro Stück ca. 121 kcal/508 kJ
5 g E * 11 g F * 1 g KH

Bratwürste in jeweils 4 Scheiben schneiden. **Zucchini** putzen und in 1 cm dicke Scheiben schneiden. **Paprika** putzen, entkernen und in 3 cm große Stücke schneiden. **Zwiebeln** schälen und achteln. Abwechselnd **Bratwurststücke, Zucchini, Paprika** und **Zwiebel** auf Holzspieße stecken und mit **Salz** und **Pfeffer** würzen. **Öl** erhitzen und die Spieße nacheinander darin von allen Seiten etwa 3 Minuten braten. Wahlweise mit **Wein** angießen und die Spieße abgedeckt noch 5 Minuten schmoren. Auf Küchenpapier abtropfen und abkühlen lassen.

Für 12 Stück

- 6 Lammbratwürste
- 2 kleine Zucchini
- 2 rote Paprikaschoten
- 3 Zwiebeln
- Holzspieße
- Salz
- Pfeffer
- 3 El Öl
- wahlweise 100 ml Weißwein

Zubereitungszeit ca. 15 Minuten
(plus Brat- und Abkühlzeit)
Pro Stück ca. 69 kcal/290 kJ
4 g E * 4 g F * 2 g KH

Fingerfood

Bratwurstspieße

21

Leberwurstspieße

Die **Radieschen** waschen. Die **Leberwurst** und den **Käse** in mundgerechte Würfel schneiden. Abwechselnd Leberwurst, Radieschen und Käse auf Spieße stecken und für das Picknick verpacken.

Fingerfood

Für 12 Stück

24 Radieschen

400 g feste bayerische Leberwurst

400 g Allgäuer Emmentaler

Zubereitungszeit ca. 15 Minuten
Pro Stück ca. 221 kcal/928 kJ
15 g E * 17 g F * 1 g KH

Blätterteig-Schinken-Röllchen

Blätterteigplatten auftauen lassen, aufeinanderlegen und rechteckig ausrollen (ca. 25 x 15 cm). Blätterteig mit **Meerrettich** bestreichen und die **Schinkenscheiben** darauf legen. **Käse** darüber streuen und die **Kresse** über dem Käse verteilen. **Teig** zusammenrollen und kühl stellen, bis er schnittfest ist. Backofen auf 220 °C (Umluft 200 °C) vorheizen. Den Teig in etwa 1 cm dicke Scheiben schneiden und im Ofen 15 Minuten backen. Abkühlen lassen und verpacken.

Fingerfood

Für 20 Stück

5 Scheiben TK-Blätterteig (225 g)

2 Tl Sahnemeerrettich

50 g Hirschschinken

30 g frisch geriebener Parmesan

1/2 Kästchen Kresse

Die **Speckscheiben** quer halbieren. Die **Pflaumen** von den Kernen befreien. Die **Mandeln** in einer beschichteten Pfanne ohne Fett rösten, bis sie duften. Statt des Kerns je eine Mandel in eine Pflaume setzen. Die Pflaumen anschließend mit je einer halben Speckscheibe umwickeln und feststecken. Das Öl in einer Pfanne erhitzen und die **Speckpflaumen** darin von allen Seiten schön knusprig braten. Auf Küchenpapier abtropfen lassen und würzen.

Für 12 Stück

12 Scheiben Frühstücksspeck
24 frische oder getrocknete Pflaumen
24 geschälte Mandeln
2 El Olivenöl
Pfeffer
Holzspieße

Zubereitungszeit ca. 15 Minuten
(plus Bratzeit)
Pro Stück ca. 200 kcal/840 kJ
5 g E * 7 g F * 29 g KH

Fingerfood

Pflaumen im Speckmantel

27

Salate

Fenchelsalat mit Orangen

Den **Fenchel** putzen. Das fedrige Grün abschneiden, waschen und abtrocknen, dann beiseite legen. Die Knollen längs halbieren und die Hälften quer in feine Scheiben schneiden. Die **Frühlingszwiebeln** putzen, waschen, in Scheiben schneiden und zu den Fenchelstreifen hinzufügen. Die **Orange** mit einem Messer so schälen, dass das Weiße mit entfernt wird. Den Saft dabei auf einem Teller auffangen. Die **Orangenfilets** herausschneiden und zu den anderen Salatzutaten geben. Die **Minze** waschen und trockentupfen, anschließend fein hacken und ebenfalls hinzufügen. Die **Oliven** entsteinen und hinzufügen. Das **Öl** mit dem **Essig**, **Salz** und **Pfeffer** kräftig verquirlen. Das **Dressing** über den **Salat** gießen und den **Salat** gut durchmischen. Das **Fenchelgrün** darüber streuen und verpacken.

Salate

Für 4 Portionen

2 kleine Fenchelknollen

2 Frühlingszwiebeln

1 Orange

4 frische Minzeblätter

4 große fleischige schwarze Oliven

60 ml Olivenöl extra vergine

ca. 1 El Rotweinessig

Salz

grob gemahlener Pfeffer

Zubereitungszeit 15 Minuten
Pro Portion ca. 132 kcal/555 kJ
3 g E * 10 g F * 8 g KH

Heringssalat

Die **Heringe** 24 Stunden in kaltes Wasser legen, das Wasser zwischendurch erneuern. Anschließend ausnehmen, waschen und abtropfen lassen. Die **Heringe** entgräten und häuten. Die Heringsfilets noch 1 Stunde in klarem Wasser wässern, anschließend abtrocknen und klein würfeln. Die **Rote Bete** abtropfen lassen und mit den **Gurken** in kleine Würfel schneiden. Für die **Salatsauce** die Heringsmilch durch ein feines Sieb streichen und mit der **sauren Sahne** verrühren. Die **Zwiebel** schälen und fein hacken. Die **Petersilie** waschen, trockenschütteln und klein hacken. **Zwiebeln** und **Petersilie** mit der **Sauce** verrühren.

Die **Sauce** mit den Salatzutaten vermengen. Zugedeckt einige Stunden im Kühlschrank durchziehen lassen.

Bevor der **Salat** für das Picknick verpackt wird, mit dem **Zucker** abschmecken, auf Salatblättern schichten und mit **Ei** und **Petersilie** garnieren.

Salate

Für 4 Portionen

4 Salzheringe

500 g Rote Bete (Konserve)

4 kleine Gewürzgurken

Heringsmilch von 2–3 Heringen

125 g saure Sahne

1 Zwiebel

5 Stängel Petersilie

etwas Zucker

Salatblätter zum Anrichten

2 hart gekochte Eier

Petersilie zum Garnieren

Zubereitungszeit 30 Minuten
(plus Zeit zum Wässern,
plus Zeit zum Durchziehen)
Pro Portion ca. 310 kcal/1302 kJ
34 g E * 14 g F * 10 g KH

Farfalle-Salat mit roten Linsen

Die **Linsen** waschen und mit der **Brühe** in einen ausreichend großen Topf geben. Bei milder Hitze etwa 10 Minuten kochen. Die **Nudeln** nach Packungsanweisung in ausreichend kochendem Salzwasser bissfest garen.

Die **Zwiebel** schälen und fein hacken. Die **Rote Bete** in Streifen schneiden. Die **Möhre** schälen und in feine Stifte schneiden. Den **Lauch** putzen, waschen und in feine Ringe schneiden.

Den **Zitronensaft** mit dem **Öl** verrühren und mit **Salz, Pfeffer, Piment-** und **Paprikapulver** abschmecken. Das **Rauchfleisch** in feine Streifen schneiden. Die **Petersilie** waschen, trocknen und hacken. Die **Linsen** und die **Nudeln** in ein Sieb geben und abtropfen lassen. Beides vollständig auskühlen lassen. Anschließend mit **Möhren, Lauch, Zwiebel** und **Rauchfleisch** mischen. Den **Salat** mit der **Salatsauce** mischen und für das Picknick verpacken.

Salate

Für 4 Portionen

100 g rote Linsen

500 ml Fleischbrühe

300 g Farfalle

Salz

1 Zwiebel

100 g Rote Bete aus dem Glas

1 Möhre

100 g Lauch

2 El Zitronensaft

3 El Öl

Pfeffer

2 Tl Pimentpulver

1 Tl Paprikapulver

150 g Rauchfleisch

1 Bund Petersilie

Zubereitungszeit ca. 25 Minuten
(plus Zeit zum Auskühlen)
Pro Portion ca. 403 kcal/1690 kJ
21 g E ∗ 7 g F ∗ 63 g KH

Bunter Pastasalat

Die **Nudeln** nach Packungsanweisung in ausreichend kochendem Salzwasser bissfest garen. Die **Möhren** schälen, längs in dünne Streifen und dann in etwa 2 cm große Rauten schneiden. Die **Butter** in einer großen Pfanne erhitzen und die **Möhren** darin bei milder Hitze 3 Minuten andünsten. Die **Erbsen** dazugeben und mit dem **Gemüsefond** ablöschen. Zugedeckt 5 Minuten kochen lassen. Mit **Salz, Pfeffer** und **Zitronensaft** abschmecken.

Die **Nudeln** abgießen und abkühlen lassen. Für das Salatdressing den **Essig** mit **Salz** und **Pfeffer** mischen. Das **Olivenöl** unter Rühren dazugeben. Die **Petersilie** waschen, trocknen und fein hacken. Ebenfalls unter die Salatsauce rühren.

Die **Nudeln** mit dem **Gemüse** und dem Dressing mischen. Den **Gorgonzola** in Stücke brechen und den **Salat** damit bestreuen.

Salate

Für 4 Portionen

350 g Bandnudeln

Salz

300 g Möhren

40 g Butter

300 g Erbsen (TK)

6 El Gemüsefond

Pfeffer

1–2 El Zitronensaft

3 El Obstessig

4 El Olivenöl

1/2 Bund Petersilie

200 g Gorgonzola

Zubereitungszeit ca. 20 Minuten
(plus Zeit zum Auskühlen)
Pro Portion ca. 643 kcal/2699 kJ
27 g E * 27 g F * 72 g KH

Die **Kartoffeln** waschen, sauber bürsten und etwa 20 Minuten gar kochen. Anschließend abgießen, etwas abkühlen lassen und pellen. Die **Eier** hart kochen, abschrecken, pellen und in Scheiben schneiden.

Die ausgekühlten **Kartoffeln** ebenfalls in Scheiben schneiden. Die **Zwiebeln** schälen und fein würfeln. Die **Salatgurke** waschen, eventuell schälen und in dünne Scheiben hobeln. Den **Schnittlauch** und den **Dill** waschen, trockenschütteln und fein hacken. Die **Sahne** halbsteif schlagen, mit **Essig, Salz, Pfeffer** und **Zucker** kräftig abschmecken. Alle Zutaten mit der Sauce mischen und gut durchziehen lassen.

Salate

Westfälischer Kartoffelsalat

Für 4 Portionen

1 kg fest kochende Kartoffeln
3 Eier
3 Zwiebeln
1 kleine Salatgurke
5–6 Dillspitzen
1 Bund Schnittlauch
250 ml Sahne
etwas Essig
Salz
Pfeffer
Zucker

Zubereitungszeit ca. 50 Minuten
Pro Portion ca. 450 kcal/1890 kJ
14 g E * 24 g F * 43 g KH

39

Griechischer Kürbissalat

Den **Kürbis** schälen, entkernen und Innenfasern entfernen. Fruchtfleisch in Würfel schneiden.

Die **Zwiebel** schälen und hacken. Die **Paprikaschoten** putzen, waschen, trocknen, entkernen und in Streifen schneiden. **Peperoni** waschen, trocknen und in feine Ringe schneiden.

Die **Tomaten** waschen, trocknen, von den Stielansätzen befreien und in Scheiben schneiden. **Knoblauch** schälen und fein hacken.

2 El **Olivenöl** erhitzen und die **Kürbiswürfel** darin andünsten. **Gemüsebrühe** zugeben und den **Kürbis** ca. 5 Minuten schmoren, sodass er noch Biss hat. Abkühlen lassen.

Aus **Zitronensaft, Essig,** restlichem **Olivenöl** und den **Gewürzen** ein Dressing herstellen.

Kürbiswürfel sowie das übrige **Gemüse** in eine Schüssel geben und das Dressing darüber gießen. **Petersilie** zufügen und unterrühren. Zuletzt **schwarze Oliven** nach Geschmack dazugeben. Für den Ausflug ins Grüne verpacken.

Salate

Für 4 Portionen

1 kleiner Kürbis (ca. 400 g)

1 Gemüsezwiebel

1 grüne Paprikaschote

1 rote Paprikaschote

2–4 milde grüne Peperoni

2 Tomaten

2 Knoblauchzehen

5 El Olivenöl

100 ml Gemüsebrühe

1 El Zitronensaft

1 El Weißweinessig

Salz

Pfeffer

2 El frisch gehackte glatte Petersilie

schwarze Oliven nach Geschmack

Zubereitungszeit: ca. 30 Minuten
(plus Zeit zum Ausbacken)
Pro Portion ca. 237 kcal/993 kJ
3 g E ∗ 20 g F ∗ 11 g KH

Zucchinisalat mit Melone

Die Cantaloupe-Melone schälen und die Kerne entfernen. Die Zucchini putzen und waschen, die Gurke schälen. Alles in kleine Würfel schneiden, mit dem Saft einer halben Zitrone beträufeln und beiseite stellen. Die Peperoni abtropfen lassen, in Ringe schneiden und unterheben. Aus Joghurt, Öl, restlichem Zitronensaft, Kräutern und Salz ein Salatdressing herstellen und den Zucchini-Melonen-Salat damit überziehen. Gut durchrühren und für das Picknick verpacken.

Salate

Für 4 Portionen

1 Cantaloupe-Melone

1/2 Zucchini

1/2 Schlangengurke

Saft von 1 Zitrone

2 mild eingelegte Peperoni

125 g Naturjoghurt

2 El Pflanzenöl

2 El frisch gehackte Kräuter (z. B. Dill, Zitronenmelisse, Thymian, Petersilie oder Schnittlauch)

Salz

Zubereitungszeit ca. 20 Minuten
Pro Portion ca. 96 kcal/402 kJ
2 g E * 7 g F * 5 g KH

Paprikasalat mit Tomaten

Backofen auf 200 °C (Umluft 180 °C) vorheizen. Die **Paprikaschoten** putzen, waschen, halbieren und entkernen. Mit der Schnittfläche nach unten auf ein Backblech legen und im Ofen backen, bis sich die Haut dunkel verfärbt.

Die **Paprikaschoten** aus dem Ofen nehmen und abkühlen lassen. Die Schoten häuten und in Würfel schneiden.

Die **Tomaten** kreuzweise einritzen, mit kochendem Wasser überbrühen, von Stielansatz, Haut und Kernen befreien und das Fruchtfleisch in 2 cm große Stücke schneiden. Die **Knoblauchzehe** schälen und zerdrücken.

Tomaten und **Paprika** in eine Schüssel geben. Aus **Knoblauch, Essig, Öl, Zucker, Salz** und **Pfeffer** ein Dressing rühren und über das **Gemüse** gießen.

Den **Salat** 10 Minuten ziehen lassen. **Koriander** waschen, trockenschütteln und hacken. **Paprikasalat** mit **Koriander** bestreuen.

Salate

Für 4 Portionen

2 grüne Paprikaschoten

1 gelbe Paprikaschote

3 große Tomaten

1 Knoblauchzehe

1 El Sherryessig

5 El Olivenöl

1/2 Tl Zucker

Salz

schwarzer Pfeffer

1/2 Bund Koriander

Zubereitungszeit ca. 45 Minuten
(plus Kühlzeit)
Pro Portion ca. 125 kcal/525 kJ
2 g E * 10 g F * 6 g KH

Gurkensalat mit Minze

Die **Gurken** waschen, schälen und in feine Scheiben hobeln. Die **Minze** waschen, trockenschütteln, die Blätter von den Stängeln zupfen und fein hacken. **Gurken** und **Minze** in eine Schüssel geben und mischen.

Aus **Essig, Öl, Orangensaft, Salz** und **Pfeffer** sowie dem **Orangenblütenwasser** ein Dressing bereiten und über die Gurken gießen. Alles gut durchmischen und ziehen lassen.

Die **Orangenschale** in feine Streifen schneiden und kurz in kochendes Wasser geben. Den **Gurkensalat** vor dem Verpacken für das Picknick mit **Orangenzesten** garnieren.

Salate

Für 4 Portionen

2 Schlangengurken

1/2 Bund Minze

1 El Weißweinessig

4 El Distelöl

1 El Orangensaft

Salz

schwarzer Pfeffer

1 Tl Orangenblütenwasser

Orangenzesten zum Garnieren

Zubereitungszeit ca. 20 Minuten
(plus Zeit zum Ziehen)
Pro Portion ca. 86 kcal/360 kJ
2 g E * 5 g F * 7 g KH

Quiches und herzhafte Kuchen

Spargelquiche

Aus **Mehl, Zucker, Salz, Butter** und einem **Ei** einen Mürbeteig zubereiten, in Folie wickeln und für 30 Minuten kalt stellen.
Den **Spargel** waschen, schälen und die holzigen Enden entfernen. In kochendem Salzwasser bissfest garen. Herausnehmen, abtropfen lassen und in Stücke schneiden. Den Backofen auf 200 °C (Umluft 180 °C) vorheizen.
Eine Springform (Ø 24 cm) einfetten und mit dem ausgerollten Teig auslegen. Etwa 2 cm Rand stehen lassen. Die **Spargelstücke** darauflegen. Restliche **Eier, Sahne, Milch** verquirlen und würzen. Über den **Spargel** gießen und den **Käse** darüberstreuen. Im Ofen etwa 30 Minuten backen.
Spargelquiche mit dem **Schnittlauch** bestreuen und erkalten lassen.

Quiches und herzhafte Kuchen

Für 12 Stücke

300 g Mehl

1 Tl Zucker

1 Tl Salz

200 g Butter

4 Eier

800 g weißer Spargel

100 ml Sahne

150 ml Milch

Salz

Pfeffer

50 g frisch geriebener Parmesan

2 El frisch geschnittener Schnittlauch

Fett für die Form

Zubereitungszeit ca. 40 Minuten (plus Gar- und Backzeit und Zeit zum Ruhen)
Pro Stück ca. 243 kcal/1021 kJ
8 g E * 14 g F * 2 g KH

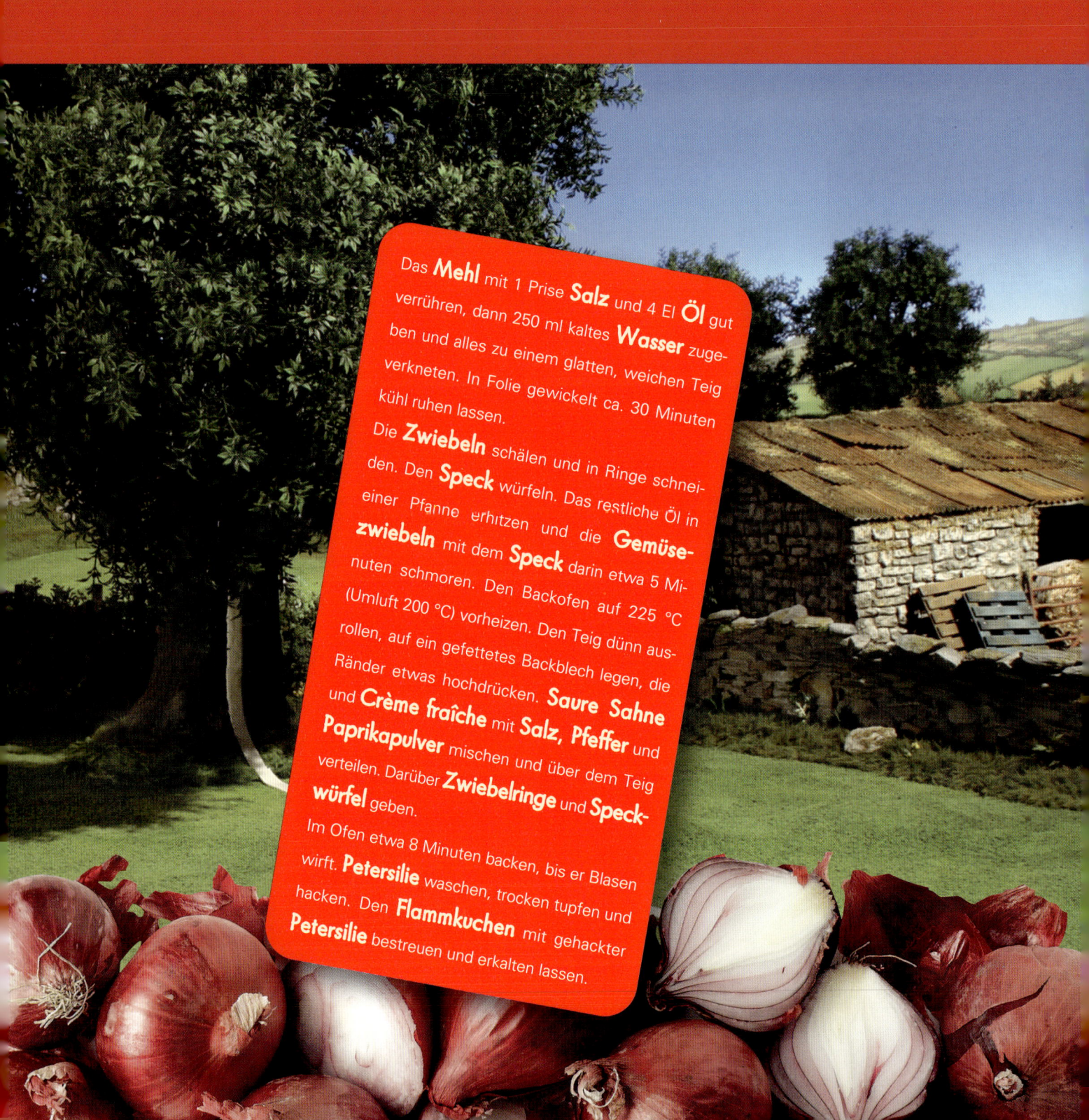

Das **Mehl** mit 1 Prise **Salz** und 4 El **Öl** gut verrühren, dann 250 ml kaltes **Wasser** zugeben und alles zu einem glatten, weichen Teig verkneten. In Folie gewickelt ca. 30 Minuten kühl ruhen lassen.

Die **Zwiebeln** schälen und in Ringe schneiden. Den **Speck** würfeln. Das restliche Öl in einer Pfanne erhitzen und die **Gemüsezwiebeln** mit dem **Speck** darin etwa 5 Minuten schmoren. Den Backofen auf 225 °C (Umluft 200 °C) vorheizen. Den Teig dünn ausrollen, auf ein gefettetes Backblech legen, die Ränder etwas hochdrücken. **Saure Sahne** und **Crème fraîche** mit **Salz, Pfeffer** und **Paprikapulver** mischen und über dem Teig verteilen. Darüber **Zwiebelringe** und **Speckwürfel** geben.

Im Ofen etwa 8 Minuten backen, bis er Blasen wirft. **Petersilie** waschen, trocken tupfen und hacken. Den **Flammkuchen** mit gehackter **Petersilie** bestreuen und erkalten lassen.

Quiches und herzhafte Kuchen

Elsässer Flammkuchen

Für 20 Stücke

430 g Mehl
Salz
6 El Öl
2 Gemüsezwiebeln
250 g durchwachsener Speck
200 g saure Sahne
200 g Crème fraîche
Pfeffer
1/2 Tl Paprikapulver
1/2 Bund Petersilie

Zubereitungszeit ca. 20 Minuten
(plus Ruhe-, Schmor- und Backzeit)
Pro Stück ca. 155 kcal/651 kJ
5 g E * 6 g F * 17 g KH

Quiche Lorraine

Die **Butter** mit **Mehl**, 3 El kaltem Wasser und je 1 Prise **Salz** und **Pfeffer** zu einem glatten Teig verkneten und an einem kühlen Ort etwa 1 Stunde abgedeckt ruhen lassen. **Schinken** und **Schinkenspeck** würfeln. Die **Zwiebeln** und die **Knoblauchzehe** schälen und hacken. Mit **Schinken** und **Speck** mischen und mit **Salz** und **Pfeffer** würzen. Den **Schnittlauch** waschen, trocken schütteln und hacken. Unter die Masse heben. Den Backofen auf 200 °C (Umluft 180 °C) vorheizen. Den Teig ausrollen, mit den Händen in eine gefettete Springform (24 cm Durchmesser) legen, einen Rand hochziehen. Die Schinkenmasse darauf verteilen. Die **Eier** mit dem **Emmentaler**, der **Sahne** und der **Milch** verrühren und über den Schinken geben. Die Quiche im Ofen etwa 50 Minuten backen. Erkalten lassen und für das Picknick verpacken.

Quiches und herzhafte Kuchen

Für 1 Springform (12 Stück)

125 g Butter

200 g Mehl

Salz, Pfeffer

150 g Schinken

200 g Schinkenspeck

4 Zwiebeln

1 Knoblauchzehe

1/2 Bund Schnittlauch

7 Eier

200 g frisch geriebener Emmentaler

150 ml Sahne

50 ml Milch

Mehl für die Arbeitsfläche

Fett für die Form

Zubereitungszeit ca. 25 Minuten
(plus Ruhe- und Backzeit)
Pro Stück ca. 364 kcal/1528 kJ
19 g E * 25 g F * 13 g KH

Zwiebelkuchen

Das Mehl in eine Schüssel sieben, eine Mulde hineindrücken und die Hefe hineinbröckeln, etwas lauwarme Milch und Zucker zugeben und mit Mehl bedecken. 15 Minuten gehen lassen. Dann 1/2 Tl Salz, Butter und restliche, lauwarme Milch zugeben und alles zu einem Hefeteig kneten. Abgedeckt an einem warmen Ort etwa 30 Minuten gehen lassen.

Die Zwiebeln schälen und in Ringe schneiden, das Sonnenblumenöl erhitzen und die Zwiebeln darin andünsten. Den Räucherspeck würfeln, zugeben und glasig dünsten, alles abkühlen lassen. Den Backofen auf 200 °C (Umluft 180 °C) vorheizen.

Den Teig durchkneten, auf einem gefetteten Backblech ausrollen, 10 Minuten gehen lassen. Die Zwiebeln und den Speck auf dem Teig verteilen. Aus Schmand, Eiern, Salz, Pfeffer und Kümmel einen Guss bereiten und auf die Zwiebeln geben. Im Ofen etwa 40 Minuten backen. Erkalten lassen und für das Picknick verpacken.

Quiches und herzhafte Kuchen

Für 4 Portionen

500 g Mehl

42 g Hefe

1 Prise Zucker

Salz

4 El Butter

250 ml Milch

800 g Zwiebeln

2 El Sonnenblumenöl

125 g Räucherspeck

300 g Schmand

3 Eier

Pfeffer

1 El Kümmel

Fett für das Blech

Zubereitungszeit ca. 30 Minuten
(plus Zeit zum Gehen, Schmoren
und Backen)
Pro Portion ca. 975 kcal/4095 kJ
33 g E * 45 g F * 107 g KH

Lauchkuchen mit Käse

Die **Zwiebel** schälen und in Ringe schneiden. Den **Lauch** putzen und gut waschen. Anschließend in Ringe schneiden.

Das **Öl** und die **Butter** in einer Pfanne erhitzen und **Zwiebel** sowie **Lauchringe** darin bei geringer Temperatur etwa 10 Minuten dünsten. Pfanne vom Herd nehmen und das **Gemüse** abkühlen lassen.

Den Backofen auf 180 °C (Umluft 160 °C) vorheizen. Eine Springform mit 24 cm Durchmesser einfetten. Das **Mehl** mit **Backpulver** mischen und in eine Schüssel geben.

Eier, saure Sahne, Schafskäse und **Gruyère** (2 Esslöffel beiseitestellen) unter das **Mehl** mischen. **Zwiebel-Lauch-Mischung** dazugeben und die **Petersilie** hinzufügen. Alles gut miteinander verrühren und mit **Salz** und **Pfeffer** abschmecken. Die Masse in die Springform geben und mit dem restlichen **Gruyère** bestreuen. Im Ofen etwa 40 Minuten backen. Erkalten lassen und für das Picknick verpacken.

Quiches und herzhafte Kuchen

Greyerzer oder Gruyère – zwei Namen, ein Käse. Im deutschsprachigen Raum der Schweiz heißt er Greyerzer, im französischen Teil nennt man ihn Gruyère. Sein Geschmack ist kräftig-würzig und pikant.

Für 6 Portionen

- 1 Zwiebel
- 2 Lauchstangen
- 80 ml Olivenöl
- 50 g Butter
- 125 g Mehl
- 1/2 Tl Backpulver
- 3–4 Eier
- 200 g saure Sahne
- 300 g Schafskäse
- 125 g frisch geriebener Gruyère
- 4 El gehackte, frische Petersilie
- Salz
- Pfeffer
- schwarze Oliven zum Garnieren
- Fett für die Form

Zubereitungszeit ca. 30 Minuten (plus Backzeit)
Pro Portion ca. 838 kcal/3518 kJ
34 g E * 66 g F * 28 g KH

Backofen-Tortilla

Für 4 Portionen
2 Knoblauchzehen
4 Frühlingszwiebeln
1 grüne Paprika
1 rote Paprika
2 El Öl
3 gegarte Kartoffeln
5 Eier
75 g saure Sahne
150 g geriebener Hartkäse
2 El Schnittlauchröllchen
Salz, Pfeffer
Öl für die Form

Zubereitungszeit ca. 25 Minuten
(plus Backzeit)
Pro Portion ca. 523 kcal/2195 kJ
23 g E * 42 g F * 15 g KH

Quiches und herzhafte Kuchen

Eine eckige Auflaufform (ca. 18 x 25 cm) mit Alufolie auslegen und mit etwas **Öl** einfetten. Den Backofen auf 180 °C (Umluft 160 °C) vorheizen. **Knoblauch** schälen, **Frühlingszwiebeln** putzen, waschen und klein schneiden. Die **Paprikaschoten** putzen, waschen, trocknen und klein würfeln. Das **Öl** erhitzen, die **Frühlingszwiebeln** darin andüsten, den **Knoblauch** dazupressen. Die **Paprikawürfel** unterheben. Alles etwa 8 Minuten dünsten, dann abkühlen lassen. Die **Kartoffeln** pellen, klein würfeln und mit dem **Pfannengemüse** vermischen.
Die **Eier** verquirlen, mit **saurer Sahne**, **Käse** und **Schnittlauch** vermischen. Die Pfannenmischung unterheben, salzen und pfeffern. Alles in die Auflaufform füllen und glatt streichen. **Tortilla** etwa 35 Minuten backen. Die Mischung sollte auch innen gestockt sein. **Tortilla** herausnehmen und in Würfel schneiden.

Olivenkuchen

Den Backofen auf 200 °C (Umluft 180 °C) vorheizen. Die **Sardinen** mit dem **Öl** pürieren. Mit den **Eiern**, dem **Mehl**, der **Milch** und dem geriebenen **Käse** zu einem Teig verrühren. Die **Oliven** abwaschen und entkernen, anschließend abtropfen lassen.

Eine Tarte-Form mit etwas **Butter** einfetten und die **Oliven** gleichmäßig darin verteilen. Den flüssigen Teig darüber gießen. Alles im Backofen etwa 25–30 Minuten backen lassen.

Den **Olivenkuchen** herausnehmen und abkühlen lassen. In kleine Stücke schneiden und für das Picknick verpacken.

Quiches und herzhafte Kuchen

Für 4 Portionen

1 Dose Sardinen in Öl

2 Eier

80 g Mehl

250 ml Milch

100 g frisch geriebener Gruyère

350 g grüne Oliven

etwas Butter für die Form

Zubereitungszeit 15 Minuten
(plus Backzeit)
Pro Portion ca. 365 kcal/1533 kJ
17 g E * 24 g F * 20 g KH

64

Brot und Sandwiches

Cantuccini mit Oliven

Den Backofen auf 175 °C (Umluft 150 °C) vorheizen. Die **Pinienkerne** in einer Pfanne ohne Fett goldbraun rösten. Herausnehmen und beiseite stellen. Das **Mehl** mit dem **Backpulver**, **Salz** und etwas **Pfeffer** vermischen. Die **Eier** verquirlen und **Fenchelsamen** und **Parmesan** zufügen. Die **Oliven** klein hacken und ebenfalls zufügen. Alles zu einem Teig verkneten. **Pinienkerne** unterkneten. Teig in 4 Portionen teilen und zu vier etwa 30 cm langen und 2,5 cm dicken Rollen formen. Die Rollen auf ein mit Backpapier belegtes Backblech legen. Im Backofen etwa 25 Minuten backen. Herausnehmen und etwas abkühlen lassen. Die Rollen schräg in etwa 5 mm dicke Scheiben schneiden. Scheiben auf ein Backblech legen und im heißen Backofen bei 175 °C erneut etwa 15 Minuten backen, bis sie trocken und knusprig sind.

Brot und Sandwiches

Cantuccini kennt man häufig nur als süßes Mandelgebäck und weniger als pikantes Knuspergebäck. Immer handelt es sich dabei um hauchdünn geschnittene knusprige Gebäckscheiben, die zweimal gebacken werden müssen, um wirklich knusprig zu werden.

Für 4 Portionen

100 g Pinienkerne

250 g Mehl

1 Tl Backpulver

Salz

Pfeffer

3 Eier

1/2 El Fenchelsamen

3 El frisch geriebener Parmesan

75 g entkernte grüne Oliven

Zubereitungszeit 35 Minuten
(plus Back- und Kühlzeit)
Pro Portion ca. 468 kcal/1964 kJ
20 g E ∗ 22 g F ∗ 48 g KH

Pikante Brötchen

Für 20 Stück

250 g Weizenmehl

1 Paket Trockenhefe

220 ml Milch

100 g fein geschrotete Haferkleie

5 El Pflanzenöl

1 Tl Salz

1 Zwiebel

40 g Oliven ohne Stein

1 Bund frisch gehackte gemischte Kräuter

Fett für das Blech

Leinsamen, Sesam

geriebener Käse zum Bestreuen

Zubereitungszeit ca. 20 Minuten
(plus Zeit zum Gehen und Backen)
Pro St,ck ca. 92 kcal/386 kJ
3 g E * 3 g F * 13 g KH

Brot und Sandwiches

Das Mehl mit Hefe, erwärmter Milch, Haferschrot (bis auf 1 Tl) und Salz miteinander mischen und zu einem glatten Teig verarbeiten. 60 Minuten gehen lassen.
Backofen auf 200 °C (Umluft 180 °C) vorheizen. Zwiebel schälen und hacken. Oliven ebenfalls hacken. Den Teig in 4 Portionen teilen und je eine Portion mit Kräutern, Oliven und Zwiebeln mischen, eine Portion natur belassen. Brötchen formen und auf ein eingeöltes Backblech setzen.
Mit Wasser einstreichen und nach Belieben mit Leinsamen, Sesam oder geriebenem Käse bestreuen und 30 Minuten im Ofen backen.

Bagel-Sandwich mit Lachs

Die **Bagels** aufschneiden und an den Schnittflächen goldgelb toasten. Leicht abkühlen lassen.

Den **Dill** waschen, trockenschütteln und fein hacken. Mit dem **Frischkäse** vermischen. Die **Zwiebel** schälen und in dünne Ringe schneiden. Die untere Bagelhälfte mit **Frischkäse** bestreichen, dann je zwei **Lachsscheiben** darauf legen. Die **Zwiebelringe** auf dem **Lachs** verteilen und das **Sandwich** mit der zweiten **Bagelhälfte** bedecken, für das Picknick verpacken.

Brot und Sandwiches

Das Hefegebäck mit dem Loch in der Mitte wird vor dem Backen in Wasser blanchiert. Das sorgt für einen festen Teig mit knuspriger Hülle, zu dem süße Aufstriche genau so gut passen wie pikante. Bagels stammen ursprünglich aus der jüdischen Küche.

Für 4 Portionen
- 4 Bagels mit Sesam
- 1 Bund Dill
- 150 g Frischkäse
- 1 kleine Zwiebel
- 8 Scheiben Räucherlachs

Zubereitungszeit 10 Minuten
(plus Zeit zum Toasten)
Pro Portion ca. 167 kcal/701 kJ
9 g E * 13 g F * 2 g KH

Sandwich mit Thunfischsalat

Für 4 Portionen

2 Gewürzgurken

1 kleine Zwiebel

1/2 grüne Paprikaschote

1/2 Staudensellerie

200 g Thunfisch (Dose)

2 Tl Zitronensaft

1 El Mayonnaise

Salz

Pfeffer

1–2 Spritzer Tabasco

8 Scheiben Weißbrot

4 Blätter Eisbergsalat

Zubereitungszeit 20 Minuten
Pro Portion ca. 300 kcal/1260 kJ
14 g E * 11 g F * 34 g KH

Brot und Sandwiches

Die **Gurken** in kleine Würfel schneiden. Die **Zwiebel** schälen und in dünne Scheiben schneiden oder reiben. Die **Paprikaschote** putzen, waschen, entkernen und sehr klein schneiden. Den **Sellerie** putzen, waschen und hacken. Den **Thunfisch** aus der Dose nehmen und über einem Sieb abtropfen lassen. In einer Schüssel mit einer Gabel zerkleinern und mit dem **Gemüse**, dem **Zitronensaft** und der **Mayonnaise** mischen. Mit **Salz**, **Pfeffer** und **Tabasco** würzig abschmecken. Die **Brotscheiben** im Toaster leicht anrösten, mit je einem **Salatblatt** belegen und darauf den **Thunfischsalat** verteilen. Eine zweite **Brotscheibe** darauf legen, leicht zusammendrücken und diagonal halbieren.

Club Sandwich mit Truthahn

Für 4 Portionen

16 Scheiben Frühstücksspeck

4 El Mayonnaise

2 Tl Zitronensaft

1 Tl Senf

Salz, Pfeffer

2 Tomaten

8 Blätter Salat

250 g gebratene Truthahnbrust in Scheiben

8 Scheiben Käse

12 Scheiben Toastbrot

Zubereitungszeit 20 Minuten
(plus Zeit zum Toasten)
Pro Portion ca. 490 kcal/2058 kJ
30 g E * 23 g F * 38 g KH

Brot und Sandwiches

Die **Speckscheiben** in einer Pfanne ohne Fett knusprig braten, dann herausnehmen, auf Küchenpapier abtropfen lassen. Die **Mayonnaise** mit **Zitronensaft** und **Senf** verrühren und mit **Salz** und **Pfeffer** würzen. Den **Salat** und die **Tomaten** waschen, die Tomaten von den Stielansätzen befreien und in Scheiben, die **Salatblätter** in Streifen schneiden. Die **Brotscheiben** im Toaster goldgelb rösten. Vier Brotscheiben jeweils auf einer Seite mit **Mayonnaise** bestreichen, dann mit der Hälfte der **Salatstreifen** und **Truthahnbrust** und je einer **Käsescheibe** belegen. Darauf eine zweite bestrichene Brotscheibe legen (Mayonnaise nach oben) und die restlichen Zutaten darauf verteilen. Das Club Sandwich mit einer letzten **Toastscheibe** bedecken und diagonal zerschneiden.

75

Für 4 Portionen

12 Scheiben Frühstücksspeck

8 Scheiben Toastbrot

2 El Mayonnaise

4 Blätter grüner Salat

2 Tomaten

2 El Butter

Zubereitungszeit 10 Minuten
(plus Bratzeit)
Pro Portion ca. 208 kcal/874 kJ
9 g E ∗ 8 g F ∗ 25 g KH

Brot und Sandwiches

Sandwich mit Speck, Salat und Tomaten (BLT)

Die **Speckscheiben** in einer Pfanne ohne Fett von beiden Seiten knusprig rösten. Herausnehmen und auf Küchenpapier abtropfen lassen. Die **Toastscheiben** im Toaster leicht rösten, vier Scheiben dünn mit **Mayonnaise** bestreichen und mit je einem **Salatblatt** belegen. Die To**maten** waschen, vom Stielansatz befreien und in Scheiben schneiden. Die Tomaten auf den Salat legen und mit je zwei Scheiben **Speck** belegen. Die restlichen Toastscheiben mit der But**ter** bestreichen und die **Sandwiches** damit bedecken. **BLT** steht für den Sandwich-Klassiker Bacon, Lettuce, Tomato (Speck, Salat, Tomate).

Reuben Sandwich

Das Dressing herstellen. Dazu das **Ei** pellen, die **Zwiebel** schälen, die **Chilischote** und die **Paprika** putzen, waschen und entkernen. **Ei, Paprika, Zwiebel** und **Chili** klein schneiden und mit den restlichen Zutaten im Mixer pürieren.

Die **Brotscheiben** auf einer Seite mit dem **Dressing** bestreichen. Vier **Brote** mit je einer Scheibe **Corned Beef** belegen. Das **Sauerkraut** abtropfen lassen und über das **Corned Beef** legen, darauf jeweils zwei Scheiben **Käse** geben. Die restlichen **Brotscheiben** auf den **Käse** legen. Das **Sandwich** leicht zusammendrücken. Den Backofen auf 180 °C (Umluft 160 °C) vorheizen. Die **Butter** in einer Pfanne erhitzen und die Sandwiches darin von beiden Seiten vorsichtig anbraten. Die Sandwiches im Ofen 7 Minuten backen, bis der Käse geschmolzen ist.

Brot und Sandwiches

Für 4 Portionen

Thousand Island Dressing:

1 hart gekochtes Ei

1/2 Zwiebel

1 kleine rote Chilischote

1/2 grüne Paprikaschote

6 El Mayonnaise

1/2 Tl Worcestersauce

1 El Chilisauce

1/2 Tl frisch geriebener Meerrettich

1/2 Tl Senfpulver

2 El frische Schnittlauchröllchen

Zutaten

8 Scheiben Vollkornbrot

125 g Corned Beef in Scheiben

20 g Sauerkraut

8 Scheiben Fontina

4 El Butter

Zubereitungszeit 15 Minuten
(plus Brat- und Backzeit)
Pro Portion ca. 430 kcal/1806 kJ
14 g E ∗ 31 g F ∗ 24 g KH

Brot und Sandwiches

Mehl, Salz, Hefe und Sesam in einer Schüssel mischen. Das Öl und so viel Wasser zugeben, dass ein fester Teig entsteht. Den Teig ca. 10 Minuten gut durchkneten. Dann zu einer Kugel formen, mit Öl einstreichen und abgedeckt etwa 40 Minuten gehen lassen.
Den Teig geschmeidig kneten und in 30 kleine Bällchen teilen. Jedes Bällchen auf einer bemehlten Arbeitsfläche zu einer dünnen Stange von etwa 25 cm rollen. Auf einem gefetteten Backblech im Backofen bei 230 °C (Umluft 200 °C) etwa 15 Minuten backen. Abkühlen lassen.

Sesam-Dinkel-Stäbchen

Für etwa 30 Stück
225 g Dinkelmehl
1 Tl Salz
7 g Trockenhefe
2 El Sesamsamen
2 El Olivenöl

Zubereitungszeit ca. 30 Minuten
pro Stück ca. 32 kcal/134 kJ

Aufstriche und Dips

Für circa 4 Gläser (à 250 ml)

1 kg Himbeeren
150 g Zartbitter-Schokolade
500 g Gelierzucker (2:1)
2 EL Rum

Zubereitungszeit ca. 20 Minuten

Aufstriche und Dips

Die **Himbeeren** verlesen und putzen. Die **Schokolade** über die Küchenreibe ziehen und zu kleinen Flocken reiben.
Die **Himbeeren** mit **Gelierzucker** in einem großen Topf mischen und zum Kochen bringen. Das Ganze circa 4 Minuten unter Rühren sprudelnd kochen lassen. Den Topf von der Herdplatte ziehen, dann **Rum** und **Schokoflocken** unterrühren. Die **Marmelade** nach der Gelierprobe (Gebe nach Beendigung der Kochzeit etwas Flüssigkeit der Marmelade auf einen kalten Tellerrand. Wenn die Flüssigkeit nicht fließt und sich eine feine Haut bildet, ist die Marmelade fertig.) zügig in heiß ausgespülte Gläser füllen und diese sofort verschließen. Die Gläser 5 Minuten auf den Kopf stellen.

Himbeer-Schokoladen-Marmelade

Beerenmarmelade

Die **Beeren** verlesen, wenn nötig waschen und putzen. Mit **Gelierzucker, Zitronensaft** und **-schale, Vanillezucker** und den **Gewürzen** vermischen.
Das Ganze circa 15 Minuten mit dem Pürierstab pürieren, bis sich der **Zucker** gelöst hat. Die fertige **Marmelade** nach der Gelierprobe zügig in heiß ausgespülte Gläser füllen und diese sofort verschließen.

Aufstriche und Dips

Zutaten für circa 2-3 Gläser (à 250 ml)

500 g frische Beeren (wahlweise Heidelbeeren, Erdbeeren, Himbeeren)
250 g Gelierzucker (2:1)
Schale und Saft von 1 unbehandelten Zitrone
1 Päckchen Vanillezucker
jeweils 1 Prise Zimt und Nelkenpulver

Zubereitungszeit 25 Minuten

Aufstriche und Dips

Erdbeerkonfitüre

Die **Erdbeeren** abwaschen, verlesen und halbieren. Die Hälfte der **Früchte** mit etwas Wasser in einem Topf zu feinem Mus kochen lassen. Dann alle Zutaten in einem Topf zum Kochen bringen und etwa 4 Minuten unter ständigem Rühren kochen lassen. Den aufsteigenden Schaum mit einer Schöpfkelle abschöpfen. Den Topf von der Herdplatte ziehen und die Konfitüre nach der Gelierprobe (s. S. 85) in die heiß ausgespülten Gläser füllen. Diese sofort verschließen und 5 Minuten auf den Kopf stellen.

Für circa 2 Gläser (à 250 ml)

500 g Holunderbeeren
400 g Gelierzucker (1:1)

Zubereitungszeit ca. 20 Minuten

Aufstriche und Dips

Holunderbeerenmarmelade

Die **Holunderbeeren** verlesen und putzen. Den **Zucker** mit 20 ml Wasser in einem Topf vermischen und unter ständigem Rühren erhitzen, bis der Zucker braun wird. Die Beeren dazugeben und unter Rühren so lange kochen, bis eine dickliche Masse entsteht. Die Marmelade nach der Gelierprobe (s. S. 85) zügig in heiß ausgespülte Gläser füllen und diese sofort verschließen. Die Gläser 5 Minuten auf den Kopf stellen.

Die pechschwarzen Holunderbeeren können auch zu Saft, Obstwein und Suppe verarbeitet werden.

Die **Äpfel** schälen, entkernen und fein würfeln. Die **Datteln** putzen, den Kern herauslösen und die **Früchte** in Streifen schneiden. Den **Ingwer** schälen und fein hacken. Die **Walnüsse** klein hacken. Die **Zwiebeln** schälen, fein würfeln und in 50 ml Wasser etwa 5 Minuten kochen lassen. Die **Apfelwürfel** dazugeben und 10 Minuten köcheln lassen. Die zerkleinerten **Datteln** mit den gehackten **Walnüssen**, dem **Ingwer**, **Cayennepfeffer**, 1/2 Tl **Pfeffer**, 1 1/2 Tl **Salz** sowie die Hälfte des **Essigs** dazugeben. Alles so lange köcheln, bis die Masse eindickt. Die Masse zwischendurch umrühren. Den **Zucker** und restlichen **Essig** dazufügen. Weiter köcheln, bis das **Chutney** dick wird. Das **Chutney** in Gläser füllen und verschließen. Vor dem Servieren im Kühlschrank etwa 2–3 Wochen durchziehen lassen.

Aufstriche und Dips

Apfel-Dattel-Walnuss-Chutney

Für 4 Portionen

250 g saure Äpfel

200 g Datteln

1 Stück frischer Ingwer, ca. 2 cm

40 g Walnüsse

125 g Zwiebeln

1/4 Tl Cayennepfeffer

Pfeffer

Salz

125 ml Rotweinessig

3 El Zucker

Zubereitungszeit 25 Minuten
(plus Garzeit und Zeit zum Ziehen)
Pro Portion ca. 258 kcal/1082 kJ
3 g E * 7 g F * 44 g KH

Die **Avocado** halbieren, den Kern aus dem Fruchtfleisch herauslösen und entfernen. Das **Fruchtfleisch** mit einem Teelöffel aus der Schale heben und im Mixer fein pürieren. Den **Joghurt** dazugeben und untermixen. Die **Chilis** putzen, waschen und halbieren. Den Stielansatz und die Kerne entfernen. Anschließend die Schoten klein hacken und zum **Sambal** dazugeben. Den **Koriander** oder die **Petersilie** waschen, trockenschütteln und die Blättchen klein hacken. Etwas zum Garnieren beiseite stellen. Gehackten **Koriander** oder gehackte **Petersilie** mit dem **Zucker** zum **Sambal** dazugeben und damit vermischen. Das **Sambal** luftdicht verschließen und kalt stellen. Mit restlichem **Koriander** oder **Petersilie** garnieren.

Aufstriche und Dips

Avocado Sambal

Für 4 Portionen

1 große, reife Avocado

250 g Joghurt

2 grüne Chilis

1/4 Bund frischer Koriander oder Petersilie

1 Tl Zucker

Zubereitungszeit 20 Minuten
Pro Portion ca. 173 kcal/725 kJ
3 g E ∗ 16 g F ∗ 5 g KH

Für 4 Portionen

75 g grüne Chili

1 Zwiebel

8–10 Knoblauchzehen

1 Stück frischer Ingwer, ca. 7 cm

125 ml Olivenöl

75 ml Balsamico-Essig

125 ml Weinessig

50 g Zucker

Salz

2 Bund Koriander oder Petersilie

Zubereitungszeit ca. 15 Minuten
(plus Kochzeit)
Pro Portion ca. 138 kcal/580 kJ
3 g E * 4 g F * 21 g KH

Aufstriche und Dips

Die **Chilis** putzen, waschen und halbieren, den Stielansatz und die Kerne entfernen. Die **Zwiebel** und den **Knoblauch** schälen und fein hacken. Den **Ingwer** schälen und fein reiben. Etwas **Öl** in einem Topf erhitzen. **Zwiebeln, Knoblauch** und **Ingwer** darin andünsten, bis die Zwiebel glasig ist. Chilihälften dazugeben und **Balsamico- und Weinessig** angießen. Den **Zucker** dazugeben und darunter rühren. Alles mit **Salz** abschmecken. Unter Rühren auf etwa die Hälfte reduzieren lassen. Das restliche **Olivenöl** hinzugießen und aufkochen lassen. Vom Herd nehmen und alles fein pürieren. Den **Koriander** oder die **Petersilie** waschen, trockenschütteln und fein pürieren. Den **Kräuterpüree** zur Sauce dazugeben und unterrühren. Die Sauce kann gut verschlossen etwa 3 Monate im Kühlschrank aufbewahrt werden.

Süße Chili-Koriander-Sauce

Den **Knoblauch** schälen und fein hacken. Den **Ingwer** ebenfalls schälen und fein reiben. Die **Erdnussbutter** in einem Topf erhitzen und den Knoblauch mit dem Ingwer darin andünsten. Mit **Kardamom, Kreuzkümmel, Tabasco** und **Paprikapulver** würzen. Alles unter Rühren erhitzen, aber nicht kochen lassen. Den Topf vom Herd nehmen, salzen und pfeffern. Den **Joghurt** dazugeben und unterziehen. Erkalten lassen und für das Picknick verpacken.

Aufstriche und Dips

Erdnuss-Sauce

Für 4 Portionen

3 Knoblauchzehen

1 Stück frischer Ingwer, ca. 3 cm

200 g Erdnussbutter

1/2 Tl Kardamom

1/2 Tl Kreuzkümmel

2–3 Tropfen Tabasco

1/2 Tl Paprikapulver

1/2 Tl Pfeffer

1 Tl Salz

250 g Joghurt

Zubereitungszeit ca. 15 Minuten
Pro Portion ca. 335 kcal/1407 kJ
15 g E * 27 g F * 9 g KH

Die **Butter** mit dem **Quark** in einer Schüssel schaumig schlagen. Die **Zwiebel** schälen und fein hacken. Die **Kapern** hacken. Zwiebel, Kapern, **Sardellenpaste** und **Senf** mit der Butter-Quark-Mischung verrühren und mit **Salz** und **Paprikapulver** würzen. **Sahne** (und Bier) zu der Mischung geben und glatt rühren. Die **Kräuter** untermischen.

Aufstriche und Dips

Quarkaufstrich

Zutaten

250 g Butter

250 g Quark

1 Zwiebel

8 Kapern aus dem Glas

1/2 Tl Sardellenpaste

1 Tl Senf

Salz

1/2 Tl edelsüßes Paprikapulver

2 El saure Sahne

1 El Bier (nach Geschmack)

2 El frisch gehackte gemischte Kräuter

Zubereitungszeit ca. 15 Minuten
Pro Portion ca. 537 kcal/2255 kJ
10 g E * 53 g F * 5 g KH

Kuchen

Karottenkuchen mit Orangenhaube

Für 1 Springform

- 3 Eier
- 250 g brauner Rohrzucker
- 60 ml Rapsöl
- 2 TL Vanilleextrakt
- 500 g Weizenvollkornmehl
- 1/2 TL Salz
- 2 TL Natron
- 2 TL gemahlener Zimt
- 1 TL gemahlene Muskatnuss
- 60 ml Milch
- 600 g geriebene Karotten
- 150 g Kokosraspel
- 100 g gehackte Walnüsse
- 225 g Ananasstücke aus der Dose
- Fett und Mehl für die Form

Für die Orangenhaube

- 50 g Butter
- 1 TL abgeriebene Schale von 1 unbehandelten Orange
- 60 g Frischkäse
- 1/2 TL Vanillemark
- 100 g Puderzucker
- 1–2 El Orangensaft
- Orangenzesten zum Dekorieren

Zubereitungszeit 30 Minuten (plus Back- und Ruhezeit)
Pro Stück ca. 394 kcal/1654 kJ
8 g E * 18 g F * 47 g KH

Kuchen

Den Backofen auf 180 °C (Umluft 160 °C) vorheizen. Die Eier mit dem Zucker, dem Öl und dem Vanilleextrakt schaumig schlagen. Das Mehl mit Salz, Natron und den Gewürzen mischen und dazusieben. Anschließend die restlichen Zutaten für den Kuchen vorsichtig unterrühren. Eine Springform (24 cm Durchmesser) einfetten, mit Mehl ausstreuen und den Teig hineinfüllen. Im Ofen etwa 1 Stunde 30 Minuten backen, dann noch einige Minuten in der Form ruhen lassen. Für die Orangenhaube die Butter mit der Orangenschale und dem Frischkäse verrühren, dann Vanillemark, Puderzucker und Orangensaft unterheben. Den Karottenkuchen aus der Form lösen und mit der Orangenhaube überziehen. Nach Belieben mit Orangenzesten dekorieren. Zum Transport zum Picknick kann man den Kuchen gut wieder in die gereinigte Form setzen.

Sauermilchkuchen

Zutaten für 1 Blech

450 g Mehl
1 Päckchen Backpulver
1 Päckchen Vanillezucker
200 g Zucker
4–5 Eier
7 Prise Salz
250 g Butter
500 ml Sauermilch oder Dickmilch
200 g Crème fraîche
abgeriebene Schale von
1/2 unbehandelten Zitrone
Mehl zum Ausrollen

Zubereitungszeit 20 Minuten
(plus Kühl- und Backzeit)
Pro Stück ca. 198 kcal/833 kJ
3 g E * 10 g F * 22 g KH

Kuchen

Für den **Mürbeteig** 375 g **Mehl** mit dem **Backpulver**, dem **Vanillezucker**, 125 g **Zucker**, 1 **Ei**, **Salz** und der **Butter** verkneten. Mürbeteig abgedeckt 30 Minuten kalt stellen. Den Backofen auf 200 °C (Umluft 180 °C) vorheizen. Den Mürbeteig auf etwas Mehl ausrollen und eine Fettpfanne damit auslegen. Den Teigrand etwas hochziehen. Die restlichen Eier trennen. Die **Eigelb** mit dem restlichen **Zucker** schaumig rühren. Nach und nach das restliche **Mehl**, die durchgerührte **Sauermilch**, die **Crème fraîche** und die **Zitronenschale** darunter rühren. Das **Eiweiß** zu steifem Schnee schlagen und unter die Eigelbmasse heben. Die Masse auf den Mürbeteig geben und glatt streichen. Im vorgeheizten Backofen etwa 40 Minuten goldgelb backen.

Das **Mehl** in eine Schüssel sieben, in die Mitte eine Vertiefung hineindrücken. Die **Hefe** mit 5 El lauwarmer **Milch** verrühren, in die Vertiefung gießen und mit etwas **Mehl** dickbreiig verrühren. Zugedeckt 15 Minuten gehen lassen. Anschließend den **Zucker**, die **Butter** und die restliche **Milch** nach und nach dazugeben. Alles zu einem geschmeidigen Teig verkneten, bis dieser Blasen wirft und sich vom Schüsselrand löst. Teig zugedeckt 30 Minuten gehen lassen. Den aufgegangenen Teig auf einer bemehlten Arbeitsfläche kräftig durchkneten, ausrollen und auf ein gefettetes Backblech legen. Teig zugedeckt gehen lassen. Den Backofen auf 200 °C (Umluft 180 °C) vorheizen. Inzwischen für den Belag die **Mandeln** mit der **Milch** verrühren. Das Backfett in einem Topf zerlassen, den **Zucker** und **Vanillezucker** unterrühren, **Mandelmischung** ebenfalls unterrühren. Den Teig mit der Mandelmasse bestreichen. Kuchen im vorgeheizten Backofen etwa 25 Minuten goldbraun backen lassen.

Bienenstich

Für 12 Stücke

500 g Mehl

1/2 Würfel Hefe

250 ml Milch

150 g Zucker

65 g Butter

Für den Belag:

200 g Zucker

250 g Butter

1 El Milch

1 Tl Vanillezucker

125 g geriebene Mandeln

Außerdem:

Mehl zum Ausrollen

Fett für das Backblech

Zubereitungszeit: 15 Minuten
(plus Zeit zum Gehen und Backen)
Pro Stück ca. 530 kcal/2226 kJ
7 g E * 28 g F * 60 g KH

Den **Quark** in einem Sieb abtropfen lassen und anschließend leicht ausdrücken. Mit **Öl, Eiern, Zucker, Mehl, Backpulver** und 4 El **Milch** zu einem glatten Teig verkneten. Ein Backblech mit Backpapier auslegen und den Teig darauf ausrollen. Den **Reis** mit der restlichen Milch in einen Topf geben, aufkochen lassen und das **Vanillearoma** dazugeben. Alles ca. 15 Minuten bei milder Hitze ziehen und anschließend abkühlen lassen. Den Backofen auf 180 °C (Umluft 160 °C) vorheizen. Die **Margarine** mit dem **Eigelb** und dem **Vanillinzucker** schaumig rühren. Die **Walnüsse** dazugeben. Das **Eiweiß** steif schlagen. Die **Reismasse** mit der **Eigelbmasse** vermengen. Den **Eischnee** unterheben. Die Masse auf den Teig streichen und im Backofen auf der mittleren Einschubleiste ca. 40 Minuten backen. Den Kuchen vor dem Einpacken für das Picknick mit **Puderzucker** bestäuben.

Für 24 Stücke

300 g Quark
8 El Öl
2 Eier
100 g Zucker
400 g Weizenmehl
1/2 Tl Backpulver
400 ml Milch
150 g Reis
1 Msp. Vanillearoma
2 El Margarine
2 Eigelb
3 Päckchen Vanillinzucker
100 g gehackte Walnüsse
3 Eiweiß
Puderzucker zum Bestäuben

Zubereitungszeit ca. 50 Minuten
Pro Stück ca. 195 kcal/819 kJ
3 g E * 9 g F * 18 g KH

Reis-Walnuss-Kuchen

Nusszopf

Zutaten für 15 Stücke

500 g Mehl

1 Päckchen Trockenhefe

225 g Zucker

1 Prise Salz

3 Eier

250 g Butter

400 g gemahlene Haselnüsse

75 g Kokosfett

25 g Paniermehl

1/2 Tl Zimt

3 El Aprikosenkonfitüre

100 g Puderzucker

2 El Zitronensaft

Mehl zum Ausrollen

Zubereitungszeit ca. 30 Minuten
(plus Zeit zum Gehen und Backen)
Pro Stück ca. 394 kcal/1654 kJ

Das **Mehl** mit der **Trockenhefe** mischen. 50 g **Zucker**, **Salz**, 2 **Eier**, 175 ml lauwarmes Wasser und 75 g zimmerwarme **Butter** zufügen und alles mit dem Handrührgerät zu einem Teig verarbeiten. Den Teig zugedeckt an einem warmen Ort etwa 40 Minuten gehen lassen. Die **Nüsse** mit restlichem **Zucker, Kokosfett, Paniermehl** und **Zimt** zu einer Masse verrühren. Den **Hefeteig** erneut durchkneten und auf einer bemehlten Arbeitsfläche zu einem Rechteck (42 x 50 cm) ausrollen. Teig in drei Streifen (14 x 50 cm) schneiden. Auf jeden Streifen ein Drittel der **Nussfüllung** geben und den Streifen längs aufrollen. Aus den Streifen einen Zopf flechten und auf ein mit Backpapier ausgelegtes Blech legen. Etwa 20 Minuten gehen lassen. Den Backofen auf 180 °C (Umluft 160 °C) vorheizen. Zopf mit restlichem verquirltem **Ei** bestreichen und 30 Minuten im Ofen backen. Die **Konfitüre** kurz aufkochen und den noch heißen Zopf damit bestreichen. Abkühlen lassen. Aus **Puderzucker** und **Zitronensaft** einen Guss herstellen und den Zopf damit bestreichen.

Käsekuchen

Zutaten für 12 Stücke

250 g Zucker

125 g Butter

3 Eier

1 Päckchen Vanillezucker

1 kg Quark

1 Päckchen Vanille-Puddingpulver

5 El Grieß

1 Päckchen Backpulver

Saft und abgeriebene Schale von 1 unbehandelten Zitrone

Puderzucker zum Bestreuen

Butter für die Form

Zubereitungszeit ca. 15 Minuten (plus Backzeit)
Pro Stück ca. 260 kcal/1092 kJ

Den **Zucker** mit der **Butter**, den **Eiern** und dem **Vanillezucker** in einer Schüssel schaumig schlagen. Den **Quark** mit dem **Puddingpulver** mischen und den **Grieß** unterrühren. Zuletzt das **Backpulver**, den **Zitronensaft** und die **-schale** hinzufügen. Mit der **Eicreme** mischen und alles zu einem glatten Teig verarbeiten. Den Backofen auf 160 °C (Umluft 140 °C) vorheizen. Eine Springform (24 cm Durchmesser) einfetten. Den Teig hineinfüllen und im Ofen etwa 50 bis 60 Minuten backen. In der Form abkühlen lassen und dann mit **Puderzucker** bestreuen.

Kuchen

Den Backofen auf 200 °C (Umluft 180 °C) vorheizen. Die weiche **Butter** mit dem **Zucker** und dem **Vanillezucker** mindestens so lange schaumig rühren, bis sich die Zuckerkristalle vollständig aufgelöst haben. Dann nach und nach die **Eier** hinzufügen. Das **Mehl** mit dem Backpulver mischen und unter die Eier-Butter-Masse rühren. So viel **Milch** zugeben, dass ein geschmeidiger, halbfester Teig entsteht. Den Teig mit dem **Kirschwasser** aromatisieren. Das Backblech einfetten. Die **Kirschen** in einem Sieb abtropfen lassen. **Frische Kirschen** waschen, abtropfen lassen und entsteinen. Die Kirschen unter den Teig heben.

Den Teig auf einem Backblech verteilen und im vorgeheizten Ofen auf der mittleren Schiene etwa 35 Minuten backen. Abkühlen lassen und mit **Puderzucker** bestäuben.

Kirschkuchen vom Blech

Zutaten für 20 Stücke

250 g weiche Butter

200 g Zucker

1 Päckchen Vanillezucker

5 Eier

375 g Mehl

1 Päckchen Backpulver

ca. 2 El Milch

2 El Kirschwasser

800 g entsteinte Sauerkirschen (aus dem Glas) oder 1 kg frische Sauerkirschen

Fett für das Blech

Puderzucker zum Bestäuben

Zubereitungszeit ca. 20 Minuten
(plus Backzeit und Zeit zum Abkühlen)
Pro Stück ca. 266 kcal/1118 kJ

Muffins

Bananen-Muffins

Den Backofen auf 190 °C (Umluft 170 °C) vorheizen. Die Vertiefungen des Muffin-Blechs ausfetten. Die **Butter** zerlassen, etwas abkühlen lassen. **Mehl, Backpulver, Natron, Zimt** und **Kokosraspel** bis auf 2 El mischen. **Eier** verquirlen, **Zucker, Butter** und **Joghurt** dazugeben und gut verrühren. **Bananen** schälen, mit einer Gabel zerdrücken und unterrühren. Mehlmischung unterheben und rühren, bis alle Zutaten feucht sind. Teig gleichmäßig in die Vertiefungen des Muffin-Blechs füllen, mit restlichem **Kokos** bestreuen und auf der mittleren Einschubleiste ca. 25 Minuten backen. Die Muffins noch ca. 5 Minuten in der Form ruhen lassen. Herausheben und mit **Puderzucker** bestäuben.

Muffins

Zutaten für 12 Stück

Butter für die Form

75 g Butter

250 g Mehl

2 Tl Backpulver

1 Tl Natron

1/2 Tl Zimt

50 g Kokosraspel

2 Eier

100 g brauner Zucker

150 g Naturjoghurt

2 Bananen

Puderzucker zum Bestäuben

Zubereitungszeit ca. 40 Minuten
643 kcal, 2690 kJ
E 13 g ∗ F 26 g ∗ KH 89 g

Blaubeer-Muffins

Den Backofen auf 180 °C (Umluft 160 °C) vorheizen. Die Papierförmchen in das Muffin-Blech einsetzen.

Das **Mehl** mit **Haferflocken, Backpulver** und **Natron** gut mischen. Die **Eier** verquirlen, **Zucker, Vanillezucker, Butter** und **saure Sahne** hinzufügen und alles vermengen. Die Mehlmischung dazugeben und alles gut verrühren.

Die **Blaubeeren** waschen und trocknen. Vorsichtig unter den Teig heben. Den Teig in die Vertiefungen des Muffin-Blechs verteilen und auf der mittleren Einschubleiste 20–25 Minuten goldgelb ausbacken.

Die **Muffins** noch 5 Minuten im Blech ruhen lassen, herausnehmen und mit **Puderzucker** bestäuben.

Muffins

Zutaten für 12 Stück

12 Papier-Backförmchen

200 g Mehl

60 g Haferflocken

1 Tl Backpulver

1/2 Tl Natron

2 Eier

180 g brauner Zucker

3 Tl Bourbon-Vanillezucker

150 g weiche Butter

300 g saure Sahne

200 g Blaubeeren

Puderzucker zum Garnieren

Zubereitungszeit ca. 40 Minuten
783 kcal, 3287 kJ
E 10 g * F 41 g * KH 41 g

Feine Apfel-Muffins

Backofen auf 180 °C (Umluft 160 °C) vorheizen. Die Backförmchen in das Muffin-Blech setzen. Die Äpfel waschen, schälen, halbieren, entkernen und alles in Würfel schneiden. Mit Zitronensaft beträufeln. Das Mehl mit Backpulver und Natron vermengen. Das Ei verquirlen. Zucker, Vanillinzucker, Öl, Joghurt und Apfelwürfel mit dem Ei zur Mehlmischung geben und verrühren. Den Teig in die Förmchen füllen und glatt streichen. Im Backofen auf der mittleren Einschubleiste ca. 30 Minuten backen. Anschließend die Muffins ca. 5 Minuten ruhen lassen, herausnehmen und abkühlen lassen.

Muffins

Zutaten für 14 Stück

- 14 Papier-Backförmchen
- 250 g Äpfel
- 2 El Zitronensaft
- 250 g Mehl
- 2 Tl Backpulver
- 1/2 Tl Natron
- 1 Ei
- 125 g Zucker
- 1 P. Vanillinzucker
- 80 ml Pflanzenöl
- 250 g Naturjoghurt

Zubereitungszeit: ca. 59 Minuten
433 kcal, 1817 kJ
E 10 g * F 5 g * KH 85 g

Muffins mit weißer Schokolade

Den Backofen auf 180 °C (Umluft 160 °C) vorheizen. Das **Mehl** mit dem **Kakaopulver**, dem **Backpulver** und dem **Natron** mischen. Das **Ei** verquirlen und mit dem **Zucker**, dem **Vanillinzucker**, dem **Öl**, der **sauren Sahne** und dem **Kaffee** verrühren. Das Muffin-Blech einfetten. Die Mehlmischung unter die Eimasse geben und so lange rühren, bis die trockenen Zutaten feucht sind.

Die Vertiefungen im Muffin-Blech zu 1/3 mit dem Teig füllen. Die **Schokolade** in Stücke brechen und auf den Teig legen. Den restlichen Teig darauf verteilen, glatt streichen und alles auf der mittleren Einschubleiste ca. 20–25 Minuten backen. Die **Muffins** noch ca. 5 Minuten in der Form ruhen lassen. Herausnehmen, auskühlen lassen und mit **Puderzucker** bestäuben.

Muffins

Zutaten für 12 Stück

- 250 g Mehl
- 2 El Kakaopulver
- 2 1/2 Tl Backpulver
- 1/2 Tl Natron
- 1 Ei
- 130 g Zucker
- 1 P. Vanillinzucker
- 80 ml Öl
- 250 g saure Sahne
- 75 ml starker Kaffee
- Fett für das Blech
- 150 g weiße Schokolade
- Puderzucker zum Bestäuben

Zubereitungszeit ca. 40 Minuten
618 kcal, 2594 kJ
E 10 g * F 18 g * KH 102 g

Zutaten für 12 Stück

12 Papierförmchen

280 g Mehl

3 Tl Backpulver

1/2 Tl Zimt

80 g gehackte Nüsse

1 Ei

150 g brauner Zucker

125 g weiche Butter

150 ml Limonade

100 ml Buttermilch

Ca. 100 g Puderzucker

12 geröstete Haselnusskerne

Zubereitungszeit: ca. 45 Minuten
1455 kcal, 6111 kJ
E 26 g ✷ F 94 g ✷ KH 129 g

Muffins

Den Backofen auf 180 °C (Umluft 160 °C) vorheizen. Die Papierförmchen in das Muffin-Blech setzen. **Mehl, Backpulver, Zimt** und **Nüsse** mischen. Das **Ei** verquirlen und mit **Zucker** und **Butter** schaumig rühren. 130 ml **Limonade** und **Buttermilch** dazugeben und gut verrühren. Die Mehlmischung unterheben und rühren, bis die trockenen Zutaten feucht sind. Den Teig gleichmäßig in die Vertiefungen des Muffin-Blech füllen und auf der mittleren Einschubleiste ca. 20 Minuten backen. Die **Muffins** noch ca. 5 Minuten in der Form ruhen lassen. Anschließend herausheben. **Puderzucker** mit restlicher **Limonade** glatt rühren. Die **Muffins** mit **Zuckerguss** und gerösteten **Nüssen** garnieren.
Im Backofen auf der mittleren Einschubleiste ca. 30 Minuten backen. Anschließend die Muffins ca. 5 Minuten ruhen lassen, herausnehmen und abkühlen lassen.

Limo-Muffins

129

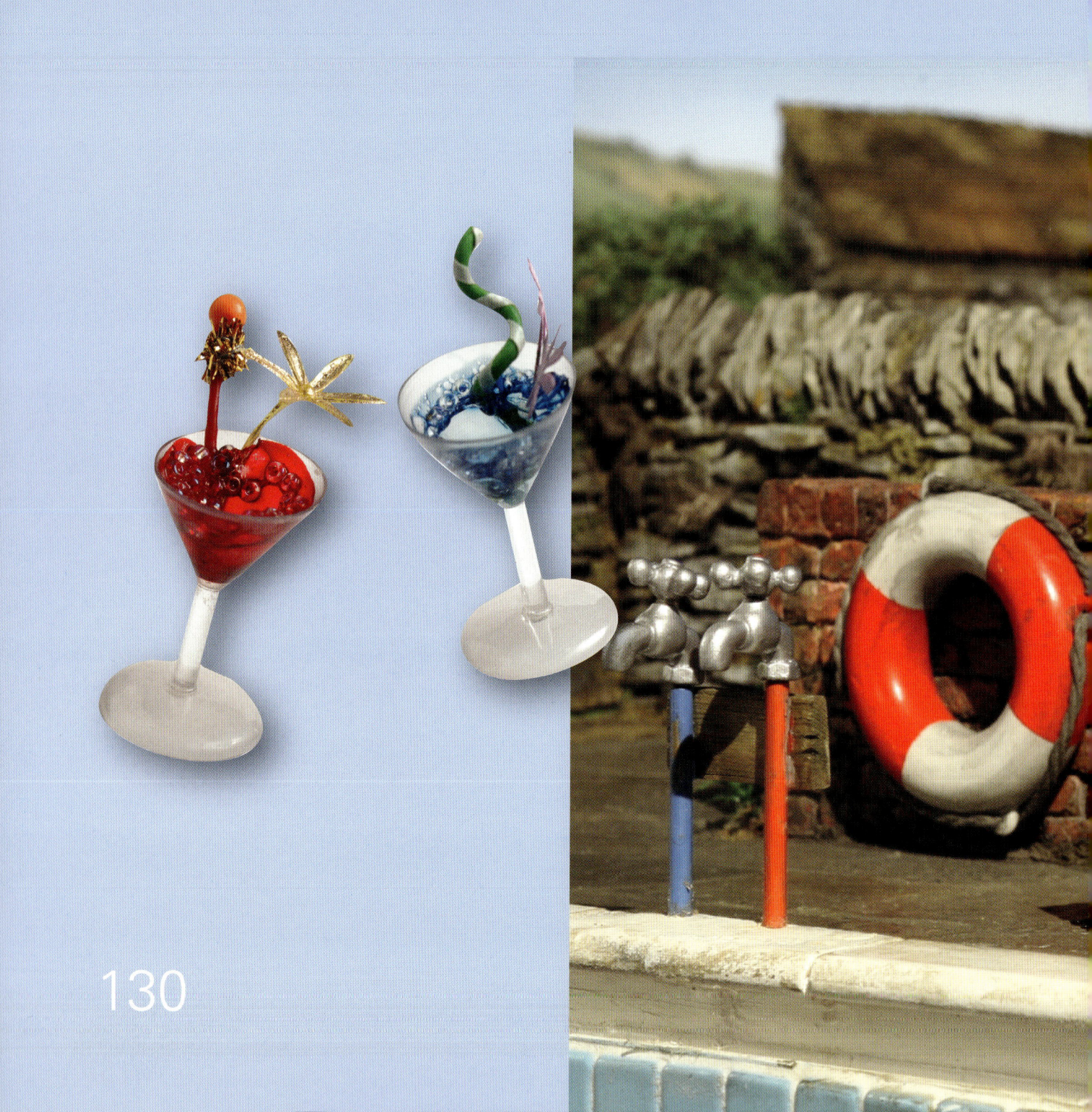

Drinks

Für 2 Gläser

1 Orange

1 rosa Grapefruit

1/4 Honigmelone

1 kleine Banane

1 Prise Zimt

1 Prise geriebene Muskatnuss

Zitronenmelisse und Orangenscheiben zum Garnieren

Drinks

Orange und Grapefruit auspressen. Die geschälte und entkernte Melone in Würfel schneiden. Die Banane schälen und klein schneiden. Melone und Banane im Mixer pürieren. Orangen- und Grapefruitsaft hinzufügen und alles gut vermischen. Den Melonen-Drink mit den Gewürzen abschmecken. Für das Picknick in ein Transportgefäß füllen. In Longdrinkgläser füllen und mit Zitronenmelisse und Orangenscheiben servieren.

Melonen-Drink

Unser Gourmet-Tipp
Das Aroma von Muskatnuss verflüchtigt sich schnell. Daher empfiehlt es sich, auf gekauftes Muskatnusspulver zu verzichten, und erst unmittelbar vor dem Gebrauch die gewünschte Menge von der Muskatnuss zu reiben.

Unser Variations-Tipp
Statt Kokossirup kannst du auch 6–8 El Kokosmilch und 2 El Kokosraspeln verwenden, dann solltest du den Drink allerdings zusätzlich süßen, zum Beispiel mit etwas Ahornsirup oder flüssigem Honig.

Die **Kirschen** waschen, entsteinen, gut abtrocknen und mindestens eine halbe Stunde lang kühlen. Danach mit dem **Kokossirup** im Mixer pürieren, den Smoothie mit **Limettensaft** abschmecken und für das Picknick in ein Transportgefäß füllen. Mit Schalenspiralen nach Belieben dekorieren.

Drinks

Kirsch-Kokos-Smoothie

Für 2 Gläser

600 g Kirschen
4 El Kokossirup
1–2 unbehandelte Limetten

135

Unser Gourmet-Tipp
Dieser Smoothie lässt sich im Handumdrehen in ein herzhaftes Getränk verwandeln: Statt Orangensaft und Sanddornnektar nimmst du eine mittelgroße Zwiebel, schälst und reibst sie fein, mixt sie mit den restlichen Zutaten und verdünnst das Ganze nach Belieben mit Wasser. Hübsch sind dann ein paar lange Schnittlauch-Halme zur Dekoration.

Drinks

Rote-Bete-Shake

Für 2 Gläser
2 kleine Rote Bete-Knollen
150 g Joghurt
150 ml Sanddornnektar
Orangensaft zum Verdünnen
2 Scheiben einer unbehandelten
Orange zum Verzieren

Rote Bete in einem Topf mit heißem Wasser ca. 20 Minuten kochen. Anschließend schälen (hier empfehlen sich Handschuhe, weil der austretende Saft sehr stark färbt) und in grobe Stücke schneiden. Mit dem **Joghurt**, dem **Sanddornnektar** und etwas **Orangensaft** im Mixer pürieren. Für den Transport zum Picknick in ein passendes Gefäß füllen. In Gläser füllen, mit den **Orangenscheiben** dekorieren und servieren.

Kiwi-Traum

Die **Kiwi** schälen und pürieren. Die Säfte gut mit dem **Kiwipüree** mischen. Für das Picknick den Mix in ein passendes Gefäß füllen. In Gläser geben und mit **Kiwischeiben** und **Cocktailkirsche** garnieren.

Drinks

Für 2 Gläser

200 g Kiwi

20 cl Ananassaft

20 cl Apfelsaft

Dekoration:

Kiwischeiben

Cocktailkirsche

Ocean

Für 2 Gläser

3 cl Blue Curaçao alkoholfrei
1 cl Mandel-Sirup
7 cl Ananassaft
1 Spritzer Zitrone
1 EL Crème fraîche
7 cl Mineralwasser
2 kleingehackte Minzeblätter

Zum Garnieren:
1 Ananasspalte
1 Cocktailkirsche

141

Zutaten für 2 Gläser

300 g Kürbisfleisch

2 Äpfel

2 Karotten

1 Kiwi

Tipp: Nimm für diesen Fitness-Saft eine Kürbissorte, die nicht zu faserig ist, wie zum Beispiel Butternut- oder Muskatkürbis.

Drinks

Kürbis-Fitness-Saft

Kürbisfleisch schälen, Kerne und Innenfasern entfernen und das Kürbisfruchtfleisch grob würfeln. **Äpfel** schälen, Kerngehäuse entfernen und Äpfel in große Stücke schneiden. **Karotten** putzen, schälen und in Stücke schneiden. Die **Kiwi** schälen und klein schneiden. **Äpfel** und **Karottenstücke** in einen Entsafter geben und entsaften. **Kürbis** und **Kiwi** im Mixer pürieren. Püree zum Saft in den Mixer geben und gut mischen. Für den Transport zum Picknick in ein passendes Gefäß füllen. In Gläser geben und servieren.

Register

Apfel-Dattel-Walnuss-Chutney	92
Apfel-Muffins	124
Avocado Sambal	94
Backofen-Tortilla	60
Bagel-Sandwich mit Lachs	70
Bananen-Muffins	120
Beerenmarmelade	86
Bienenstich	108
Blaubeer-Muffins	122
Blätterteig-Schinken-Röllchen	24
Bratwurstspieße	20
Brötchen, pikante	68
Bunter Pastasalat	36
Cantuccini mit Oliven	66
Chili-Koriander-Sauce, süße	96
Club Sandwich mit Truthahn	74
Currybällchen	18
Elsässer Flammkuchen	52
Erdbeerkonfitüre	88
Erdnuss-Sauce	98
Farfalle-Salat mit roten Linsen	34
Fenchelsalat mit Orangen	30
Griechischer Kürbissalat	40
Gurkensalat mit Minze	46
Hähnchen mit Honig	10
Heringssalat	32
Himbeer-Schokoladen-Marmelade	84
Holunderbeerenmarmelade	90
Karottenkuchen mit Orangenhaube	104
Käsekuchen	114
Kirsch-Kokos-Smoothie	134
Kirschkuchen vom Blech	116
Kiwi-Traum	138
Kümmeltaschen mit Zwiebel-Aprikosen-Relish	16
Kürbis-Fitness-Saft	142
Lauchkuchen	58
Leberwurstspieße	22
Limo-Muffins	128
Maurische Fleischspießchen	12
Melonen-Drink	132
Muffins mit weißer Schokolade	126
Nusszopf	112
Ocean	140
Olivenkuchen	62
Paprikasalat mit Tomaten	44
Pflaumen im Speckmantel	26
Quarkaufstrich	100
Quiche Lorraine	54
Reis-Walnuss-Kuchen	110
Reuben Sandwich	78
Rote-Bete-Shake	136
Sandwich mit Speck, Salat und Tomaten	76
Sandwich mit Thunfischsalat	72
Sauermilchkuchen	106
Schinkenkipferln	14
Sesam-Dinkel-Stäbchen	80
Spargelquiche	50
Westfälischer Kartoffelsalat	38
Zucchinisalat mit Melone	42
Zwiebelkuchen	56